BEI GRIN MACHT SICH IHR
WISSEN BEZAHLT

AF153613

- Wir veröffentlichen Ihre Hausarbeit,
  Bachelor- und Masterarbeit

- Ihr eigenes eBook und Buch -
  weltweit in allen wichtigen Shops

- Verdienen Sie an jedem Verkauf

Jetzt bei www.GRIN.com hochladen
und kostenlos publizieren

G R I N ☺

Gruppenkommunikation in mobilen Ad-hoc-Netzwerken

Elmar Stellnberger

Bibliografische Information der Deutschen Nationalbibliothek:

Die Deutsche Nationalbibliothek verzeichnet diese Publikation in der Deutschen Nationalbibliografie; detaillierte bibliografische Daten sind im Internet über http://dnb.d-nb.de abrufbar.

ISBN: 9783346681140
Dieses Buch ist auch als E-Book erhältlich.

© GRIN Publishing GmbH
Nymphenburger Straße 86
80636 München

Druck und Bindung: Books on Demand GmbH, Norderstedt Germany
Gedruckt auf säurefreiem Papier aus verantwortungsvollen Quellen

Das vorliegende Werk wurde sorgfältig erarbeitet. Dennoch übernehmen Autoren und Verlag für die Richtigkeit von Angaben, Hinweisen, Links und Ratschlägen sowie eventuelle Druckfehler keine Haftung.

Das Buch bei GRIN: https://www.grin.com/document/1246928

MiNEMA: Kommunikationsparadigmen

Elmar Stellnberger

1 Gruppenkommunikation in Mobilen Ad-hoc-Netzwerken

1.1 Einleitung

Mensch und Tier arbeiten zur Erreichung ihrer Ziele häufig in Gruppen zusammen; man denke nur an ein Team von Softwareentwicklern oder Murmeltieren. Während ein Murmeltier stets Wache hält, grasen die anderen gemütlich. Ist Gefahr im Verzug, etwa durch einen Adler, der seine Kreise zieht, so warnt der Aufpasser seine Familienmitglieder durch ein schrilles Pfeifen. Auch der Zusammenschluß von Rechnern in Gruppen bietet zahlreiche Vorteile, wenn es um die Erfüllung von Anforderungen wie Verfügbarkeit,

Anmerkung der Redaktion:
Bild wurde aus urheberrechtlichen
Gründen entfernt.

Ressourcennutzung, Leistung und Sicherheit oder einfach um die Lösung komplexer Probleme geht. Ein zentraler Server wäre weder von den Systemressourcen noch von der Netzwerkanbindung her in der Lage, diese Anforderungen zu erfüllen. In großen Netzwerken wie dem Internet versucht man diese Ziele durch die Spiegelung von Daten auf mehreren Servern sowie die Einrichtung von Proxies, welche Daten für den lokalen Gebrauch zwischenspeichern, zu erreichen. Ein Netz solcher Größe ist ohne eine hierarchische Struktur wie der eben beschriebenen kaum denkbar.

In mobilen Ad-hoc-Netzwerken hingegen ist der Aufbau einer fixen Infrastruktur zur Erfüllung oben genannter Aufgaben nicht möglich. Hier sind Mechanismen gefragt, welche den spontanen Zusammenschluß von lokal verfügbaren Rechnern zu Gruppen ermöglichen, die idealtypischerweise aus lauter gleichwertigen Rechnern bestehen.

Beispielsweise könnte ein Auto nach einer Bremsung versuchen, mit benachbarten Fahrzeugen Kontakt aufzunehmen, und den Zusammenschluß ebenfalls gebremster Automobile in einer Gruppe initiieren [7]; dies würde die Erkennung eines Staus oder schlimmstenfalls gar einer Massenkarambolage ermöglichen, sodaß andere Autofahrer rechtzeitig vorgewarnt werden könnten - entweder über eine Meldung im Radio oder indem der Bordcomputer eine alternative Route zum Ziel berechnet.

Bei Bekanntwerden eines Unfalls oder Verbrechens könnten in der Nähe befindliche Einsatzfahrzeuge [4] automatisch zum Ort des Geschehens gelotst werden.

Im Katastrophenschutz und in der Aufklärung sind mobile Ad-hoc-Netzwerke sowie die Kommunikation in Gruppen gewiß von unschätzbarem Vorteil, einfach deshalb, weil es in solchen Situationen kein (funktionsfähiges) Festnetz gibt, auf das man zurückgreifen könnte. Bereits ein großflächiger Stromausfall (wie in Nordamerika im September dieses Jahres) reicht aus um das Telephon- und Handynetz lahmzulegen, da dieses ebenfalls fest verdrahtete Sendestationen benötigt.

Das Paradigma der Gruppenkommunikation umfaßt nicht nur die Gruppenbildung, sondern darüber hinaus natürlich auch die Kommunikation, welche sich meistens an eine größere Menge von Teilnehmern richtet. Die Unterstützung von Multicast-Services ist im Besonderen auch für Multimediaapplikationen von Bedeutung. Hier geht es darum, die Übertragung großer Datenmengen durch Aufteilung der Datenströme auf mehrere Rechner in den Griff zu bekommen. Beispiele für solche Anwendungen wären Video On Demand (Video auf Abruf), Videokonferenzen und andere Dialoganwendungen („Collaborative Computing") [RS].

Auch Filesharing-Tools (vgl. Kazaa) scharen Rechner bezüglich eines angeforderten Datums und deren Verfügbarkeit. Die Möglichkeiten, die sich dem durchschnittlichen Internetnutzer derzeit bieten, sind leider sehr begrenzt, da die meisten Provider zwar ein großes Downstreamvolumen zum Herunterladen von Daten aber nur einen kleinen Upstream (64kbit/s-Modem) erlauben. Für Videoconferencing oder Filesharing wäre ein symmetrisches Verhältnis von Vorteil. Ein weiteres praktisches Problem ist die Konsistenz, da sich durch die wiederholte Replikation des Datums vor Erreichen des Bestimmungsortes allmählich Kopierfehler einschleichen und das Ergebnis verfälschen oder schlimmstenfalls die Zurückholung des Datums aus dem Rechnerverbund unmöglich machen, wenn nämlich die einzelnen Teile nicht mehr zusammenpassen. Für Fehlererkennung und -korrektur gibt es zwar gut ausgereifte Verfahren, bei derzeitigen Implementierungen kommt es aber trotzdem immer wieder zu Problemen, vor allem dann, wenn einzelne Benutzer gezielt fehlerhafte Fragmente (mit korrekter Prüfsumme) einschleusen, aber auch diesem Problem könnte man mit einer lokalisierenden Fehlererkennung für das gesamte angeforderte Datum leicht begegnen.

Ebendieser Ansatz der verteilten Speicherung von Daten ist im Besonderen für mobile Ad-hoc-Netzwerke bestens geeignet; hier ist es allerdings notwendig, vermehrt lokale Daten einzubeziehen. Gruppenbasierte Systeme können hier rechtzeitig entstehende Partitionierungen vorhersehen, in Bearbeitung befindliche Transaktionen abschließen, stornieren oder bis zur nächsten Vereinigung verzögern und evtl. im Vorhinein Datenbestände zumindest an strategisch wichtigen Positionen verteilen, sowie die notwendigen Operationen zum Abgleich der inzwischen gesammelten Informationen bei einer Wiedervereinigung entsprechender Partitionen anstoßen. Somit lassen sich die zu Beginn angesprochenen Anforderungen (Verfügbarkeit, Sicherheit, Konsistenz...) auch in hochdynamischen mobilen Ad-hoc-Netzen, wo es keine festen Verbindungen gibt, gewährleisten.

1.2 Begriffsbestimmung und erläuternde Vorbemerkungen

1.2.1   Mobilität in Netzwerken

[2] unterscheidet folgende Arten von mobilen Netzwerken:
- Cellular Network (statisches Bezugspunktnetz, Fixpunktnetz)
- Virtual Cellular Network (relozierbares Bezugspunktnetz, Inertialnetz)
- Ad-hoc Network

Im sog. „Cellular Network" läuft die Kommunikation mobiler Hosts stets über fest verankerte Basisstationen, außer sie befinden sich in direkter Reichweite zueinander. Beispiele für solche Fixpunktnetze wären das Mobilfunknetz oder das WLAN (Wireless Local Area Network).

Das „Virtual Cellular Network" unterscheidet sich vom „Cellular Network" dadurch, daß die Basisstationen nach Bedarf verlagert werden können; Sende- und Empfangseinrichtungen könnten z.B. in einem LKW installiert werden. Die Basisstationen verhalten sich aber immer noch so, als ob sie bezüglich eines Inertialsystem ruhen würden; d h. es werden dieselben Routingalgorithmen wie in einem Netz mit fixen Bezugspunkten verwendet, sodaß sich an der Netztopologie im Laufe der Zeit nichts Grundlegendes ändern darf. Kommt es dennoch so weit, müssen die Basisstationen händisch rekonfiguriert werden.

In beiden Arten von Bezugspunktnetzen ist es nicht notwendig, daß einzelne Hosts Routingfunktionalität oder ähnliches übernehmen können: Solche Aufgaben werden an die Basisstationen delegiert, welche eine hierarchisch darüberliegende Ebene darstellen. In den vorhin besprochenen Netzen, nämlich Fixpunkt- und Inertialnetzen, kommunizieren die Hosts wenn nicht direkt stets über Basisstationen und ebendiese sind fest vorkonfiguriert.

1.2.2 Client/Server-lose Kommunikation in Ad-hoc-Netzwerken

Anders jedoch in einem Ad-hoc-Netzwerk: Dieses besteht aus einer beliebig angeordneten Menge von Computern, welche sich von selbst konfigurieren können. Die beteiligten Computer hören ihr Umfeld ab, erkennen andere Teilnehmer in ihrer direkten Reichweite und beginnen sodann Informationen über weiter entfernte Rechner auszutauschen. Wollen zwei entfernte Teilnehmer miteinander kommunizieren, übernehmen zwischenliegende Hosts die Vermittlung. Darüber hinaus stellt jeder Host einer Gruppe, der eigentlich primär an der Inanspruchnahme von Diensten interessiert ist, in Ermangelung einer zentralisierten Infrastruktur auch selbst Serverfunktionalitäten zur Verfügung. Die Organisation in Gruppen dient dabei, wie schon vorhin erwähnt, zur organisierten Verteilung der Datenbestände an bedeutungsvollen und sicheren Orten. Jeder Teilnehmer übernimmt dabei gleichzeitig die Rolle des Klienten und des Servers.

Kennzeichnend für diese Art von Netzen ist die Abwesenheit einer fest definierten Hierarchie. Idealtypisch besteht ein Ad-hoc-Netzwerk aus einer Menge uniformer Hosts mit gleicher Reichweite. Die Abwesenheit jeglicher Hierarchie führt aber allzuleicht zu einer schlechten Skalierbarkeit, weswegen unterschiedliche Reichweiten durchaus sinnvoll sein können (In kleinerem Maßstab läßt sich diesem Problem auch mit der bevorzugten Weiterleitung von Nachrichten, welche an weit voneinander entfernte Bestimmungsorte gerichtet sind, begegnen [7]). Gleich inwieweit das Netz homogen oder heterogen aufgebaut ist, solange das Verhältnis zwischen Sendereichweite und Empfindlichkeit des Empfängers dasselbe ist, sind die Knoten des Netzwerkes beidseitig voneinander erreichbar. Sendet hingegen A doppelt so stark wie B ohne gleichzeitig über einen empfindlicheren Empfänger zu verfügen, so erreicht A unter Umständen B, aber B nicht A. Befindet sich eine Störquelle X in der Nähe von B, so kann dies ebenfalls, obwohl A und B über gleichwertige Sende- und Empfangseinrichtungen verfügen, dazu führen, daß A B erreicht, aber nicht umgekehrt.

So gesehen müßte der Erreichbarkeitsgraph gerichtet sein, obgleich viele Modelle der Einfachheit halber lediglich einen ungerichteten Graphen verwenden und dadurch implizit voraussetzen, daß alle Verbindungen vollduplex, d.h. beidseitig, sind.

1.2.3   Multicasts und Routing

„Von einem einzelnen Paket, das an eine Multicastadresse abgesendet worden ist, stellt das Netzwerk eine Kopie dieses Pakets an jeden Host einer Gruppe aus. Den Hosts steht es dann frei, dieser Gruppe beizutreten oder sie zu verlassen, ohne sich mit anderen Hosts der Gruppe synchronisieren oder Vereinbarungen treffen zu müssen. Ein Host kann auch gleichzeitig in mehr als einer Gruppe Mitglied sein.", merkt [66] an; prinzipiell kann man daraus eine rudimentäre Definition von Gruppe ableiten, sodaß jeder Multicast einen Fall von Gruppenkommunikation darstellt. Das Paradigma der Gruppenkommunikation, wie ich es hier vorstellen werde, umfaßt aber weit mehr, nämlich Mechanismen zur Gruppenbildung sowie die bereits angeschnittene verteilte Verwaltung von Daten, welche ohne strikte Trennung von Client und zentralem Server auskommt.

Neben Übermittlungen, welche sich an alle Gruppenmitglieder richten, sollten natürlich auch Meldungen an einzelne Rechner möglich sein. Auf das dafür nötige Routing (Wegberechnung) in mobilen Ad-hoc-Netzwerken wollen wir aber hier nicht näher eingehen, obwohl für bestimmte Zwecke der Austausch von Einzelmeldungen zwischen Vertretern unterschiedlicher Gruppen oder zwischen Anführer und Hosts einer Partition notwendig sein kann.

1.3 Probleme, Konzepte und Prinzipien

1.3.1   Problemstellungen

Soll ein Gruppenkommunikationsservice aufgesetzt werden, so muß dieses eine Reihe von Aufgaben und Anforderungen erfüllen können:

- Gruppenbildung
- Gewährleistung des Zusammenhaltes (aktiv/ passiv)
- Führen gemeinsamer Datenbestände
- verteilte Berechnung

Die Bildung von Gruppen beruht auf dem eigenständigen Zusammenschluß von Rechnern, welcher nach bestimmten Aspekten ausgerichtet ist:

- *funktionale Aspekte* beziehen sich auf den Zweck der Gruppenbildung (Stauerkennung, Aufklärung, Rettungseinsatz, …). Im einfachsten Fall gibt der Bezeichner einer Gruppe ihren Zweck wieder; meistens sind aber mehrere Aspekte wie u.a. Ressourcennutzung, Fähigkeiten und Interessenslage mit einzubeziehen.

- *lokale Aspekte* sind vor allem in mobilen Netzwerken von großer Bedeutung. Beispielsweise wäre die Entfernung eines Einstazfahrzeuges vom Unfallsort ein lokaler Aspekt. Dabei können durchaus verschiedene Größen wie der kürzeste, der schnellste Weg und die Luftlinie eine Entfernung charakterisieren. Lokale Aspekte sind jedoch nicht nur für die physische Erreichbarkeit der Gruppenmitglieder verantwortlich sondern auch für eine reibungslose und störungsfreie drahtlose Kommunikation.

Die Hosts einer Gruppe sind auf die Fähigkeiten und Leistungen ihrer Mitglieder angewiesen, wenn die Gruppe nicht überhaupt zur Lösung einer gemeinsamen Aufgabe gebildet worden ist. Deshalb muß Wert auf den Zusammenhalt, der gegenseitigen Erreichbarkeit aller Mitglieder, gelegt werden. Unter aktiven Zusammenhalt versteht man die strategische Positionierung aller Teilnehmer, bspw. einer Aufklärunseinheit, um ein Gebiet möglichst gut und lückenlos (zur Beobachtung) abdecken zu können ohne daß der Funkkontakt dabei abbricht. Die meisten Systeme verfügen allerdings nur über eine Art von passivem Zusammenhalt, welcher garantieren soll, daß der Kontakt zu keinem Mitglied unerwartet abreißt, indem alle Teilnehmer in kritischen Situationen vorgewarnt werden. In Systemen mit aktivem Zusammenhalt gibt also der Rechner die Bewegung vor (z.B. Roboter wird bewegt), während in Systemen mit passivem Zusammenhalt Positionsänderungen zwar erfaßt aber nicht beeinflußt werden können (Mensch als Benutzer).

Sinn und Zweck der Gruppenbildung und des Zusammenhaltes ist es den Austausch von Neuigkeiten sowie das führen gemeinsamer Datenbestände und die Aufteilung von rechenintensiven Aufgaben auf mehrere auch in naher Zukunft sicher erreichbare Rechner zu ermöglichen. Damit kein Mitglied wichtige Neuigkeiten verpaßt, müssen Nachrichten zwischengespeichert werden können, falls einzelne Gruppenmitglieder zeitweilig nicht erreichbar sein sollten. Der in 1.5.3 vorgestellte total geordnete partitionsunabhängige Multicast soll genau dies gewährleisten.

1.3.2   Konzepte

Eines der wichtigsten Konzepte für Gruppenkommunikation in mobilen Ad-hoc-Netzwerken ist das der *Partitionierung*. Können sich zu irgendeinem Zeitpunkt nicht alle Mitglieder gegenseitig erreichen, so zerfällt die Gruppe in disjunkte Teilmengen von Mitgliedern, in sogenannte Partitionen. Die Mitglieder einer Partition können sich einander alle erreichen (d.h. jeder jeden). Treffen sich die vorher getrennten Mitglieder zweier unterschiedlicher Partitionen wieder, so werden die in der Zwischenzeit gesammelten Informationen wechselseitig abgeglichen. Die Partitionierung ist primär für Systeme mit passiven Zusammenhalt gedacht, kann aber auch in solchen mit aktiven Zusammenhalt zur Behandlung von Sonder- oder Ausnahmezuständen eingesetzt werden.

Befinden sich zwei Hosts in einem *sicheren Abstand* voneinander, so kann mit größter Wahrscheinlichkeit davon ausgegangen werden, daß die Verbindung zwischen ihnen innerhalb einer wohldefinierten Zeitspanne Δt nicht abreißt. Sichere Abstände fungieren als Mindestabstände zwischen den Teilhabern einer Partition oder Gruppe, um gewährleisten zu können, daß diese nicht auseinanderbricht bevor konsistenzerhaltende Vorkehrungen getroffen werden können. Die Einhaltung sicherer Abstände muß bei der Gruppenbildung, beim Zusammenschluß von Partitionen und vormals getrennter Gruppen sowie im laufenden Betrieb überwacht werden. Das Konzept der Einhaltung sicherer Abstände stellt eine Abstraktion realer örtlicher Gegebenheiten dar, weil darin nur die Abstände in Luftlinie nicht aber Hindernisse oder etwa Signallaufzeiten Berücksichtigung finden.

Die *Latenz* (auch: maximale Signallaufzeit) ist ein Resultat der Netztopologie und gibt die maximale Dauer bei der Weiterleitung zweier Pakete an, welche von unterschiedlichen Enden des Netzes stammen können. Geringe Latenzen sind für das Zeitverhalten bei oftmaligem Zusammenwarten (*Flush*) der Gruppenmitgliedern von Vorteil. Flushes dienen als Synchronisationspunkte u.a. bei der Spaltung oder Vereinigung von Partitionen oder nach einem Commit.

Die Gruppenbildung basiert auf funktionalen und lokalen Aspekten deren gewichtigster gewiß die Einhaltung eines sicheren Abstandes ist. Eine Möglichkeit die anhand von Aspekten wiedergegebenen Anforderungen an künftige Gruppenmitglieder zusammenzufassen ist die Verknüpfung anhand logischer Junktoren; allen voran *und* bzw. *oder*. Beispielsweise kann gefordert sein, daß bestimmte Ressourcen an den teilhabenden Rechnern verfügbar sein müssen und daß Daten in Form von Film, Ton oder Text zur Verfügung stehen müssen. Eine Möglichkeit der Umsetzung bietet hier die verteilte Errechnung von Mengenvereinigung und Durchschnitt aus Kapitel 1.4.1.

1.3.3   Prinzipien

Es mag verschiedenste Ansätze für Design und Implementierung geben; es ist jedoch sinnvoll sich im Zweifelsfall bei der Umsetzung von bestimmten Grundgedanken und Prinzipien leiten zu lassen: So beruht die Funktionsfähigkeit mobiler Ad-hoc-Netzwerke auf *dezentraler Organisation* und *spontaner*

Selbstorganisation. Eine Besonderheit ist hierbei die Vereinigung von Dienstanbieter und –geber (Client und Server) in einem Programm und Rechner. In Kapitel 1.4.1. ist die Realisierung einiger Operationen auf Partitionen mittels Partitionsanführer beschrieben, was dem Ansatz der Dezentralisierung entgegengerichtet zu sein scheint; all diese Aktionen können jedoch gleichfalls mittels dynamisch gewählter Vertreter realisiert werden.

Ein bedeutungsvolles Prinzip ist das der *Antizipation* (Vorwegnahme). Können unangenehme Ereignisse wie die Abtrennung von Partitionen vorausgesehen werden, so spart dies einigen Aufwand und bietet Vorteile gegenüber einer nachträgllichen Problembehebung, weil damit bspw. einem Host vergebliche Kontaktaufnahmeversuche weitgehend erspart bleiben sollten und dispositive Enscheidungen (u.a. Wahl der Hauptpartition) getroffen werden können.

Ein weiterer Grundsatz ist die *Entlastung des Übertragungsmediums* von unnotwendigen Statusmeldungen. Mehrere solcher Meldungen können zusammengefaßt und mit Nutzdaten huckepack versandt werden. Grundsätzlich ist es vorteilhaft lieber mehr zu speichern und weniger zu verschicken, weil die Übertragungsbandbreiten von WLan- und Funkverbindungen im Vergleich zum verfügbaren Festwertspeicher sehr begrenzt sind. In näherer Zukunft ist hier eher mit einer weiteren Verschiebung zugunsten der Kapazität Festplatten zu rechnen.

Zerfällt eine Gruppe in Partitionen, welche später wieder zusammentreffen, so müssen die Daten abgegichen werden, um von nun an wieder auf einer gemeinsame Basis weiterarbeiten zu können. Die in der Zwischenzeit in isolierten Partitionen angestoßenen Transaktionen können erst konsolidiert werden (commit), wenn alle vorherigen durchgeführt worden sind. Das Prinzip der *Fairness* versucht sicherzustellen, daß Transaktionen aus keiner Partition zu kurz kommen oder bevorzugt werden. Meistens wird jedoch einer *ehebaldigsten Konsolidierung* der Vorrang gegeben, welches den Transaktionen einer ausgezeichneten Hauptpartition ein sofortiges Festsetzen erlaubt, sodaß sich jene aus Nebenpartionen hintanstellen müssen.

1.4 Architekturmodelle für Gruppenkommunikationsdienste in mobilen Ad-hoc-Netzwerken

Der Zusammenschluß in sogenannten *Proximity-Groups* beruht neben funktionalen auch auf lokalen Aspekten. Von den erreichbaren Geräten werden beispielsweise nur solche aufgenommen, die Interesse haben und sich innerhalb eines sicheren Abstandes von den übrigen Mitgliedern befinden, sodaß anzunehmen ist, daß sie in nächster Zeit in Reichweite bleiben. Andererseits kann z.B. die Gruppenzugehörigkeit zur Koordination der Bewegung einer automatisierten Aufklärungseinheit verwendet werden, um ein bestimmtes Gebiet möglichst gut abzudecken. Schließlich sind noch Kommunikationsprimitive für die Übermittlung von Nachrichten an ein oder mehrere Gruppenmitglieder zur Verfügung zu stellen. Die Implementierung folgt wie üblich dem Schichtenmodell. Jede Schicht bietet eine wohldefinierte Schnittstelle an und verwendet für deren Implementierung nur Funktionalitäten der direkt darunterliegenden Schicht. In der Literatur finden sich verschiedenste Vorschläge zu Spezifikation und Architektur von Rechnergruppen; hier ein recht allgemein gehaltener Ansatz in Anlehnung an [2].

Architekturvorschlag für Group Communication Systems (erweitertes Referenzmodell):

- Anwendungsschicht (z.B. ein Filesharing-Tool)
- Multicast Layer (Übermittlungsschicht)
- Membership Layer (Mitgliedschaftsschicht)
- Proximity Layer (Ortsbestimmungsschicht, Vermittlungsschicht)
- Data Link und Physical Layer

Hier der vom klassischen Internet her bekannte Aufbau (vgl. ISO/OSI-Referenzmodell):

- Anwendungs- und Darstellungsschicht (HTTP, SMTP(email), FTP, …)
- Transport- und Sitzungsschicht (UDP, TCP; Ports; Sitzungen)
- Vermittlungsschicht (IP; Routing)
- Sicherungs- und Bitübertragungsschicht (Ethernet, FDDI, Backbonenetze, …)

Die vier Schichten des Internet finden ihre Entsprechung auch im erweiterten Referenzmodell; vollkommen neu ist nur der Membership Layer. Er bestimmt, welche Rechner in die Gruppe aufgenommen werden sollen. Proximity- und Multicast Layer erweitern eigentlich nur die Funktionalität von Vermittlungs- und Transportschicht.

Der *Proximity Layer* setzt ähnlich dem Network Layer (Vermittlungsschicht) direkt auf der Hardware auf. In mobilen Ad-hoc-Netzwerken sendet jeder Host periodisch sog. Baken-Frames (eng.: beacon) aus, welche Aufschluß über sein Vorhandensein, seine momentane Position und evtl. seine IP-Adresse geben. Eine andere Möglichkeit ist es, jeden Teilnehmer auf ein Probe-Signal warten zu lassen und daraufhin in einem Probe-Response die gewünschten Informationen zurückzuliefern. In hochmobilen Ad-hoc-Netzwerken mit Fähigkeit zur Gruppenkommunikation wird aber meistens ersterer Ansatz gewählt, weil die sich ständig ändernden Positionen der Hosts dazu führen können, daß der Kontakt zwischen einzelnen Gruppenmitgliedern abreißt. Positionsänderungen werden daher stets an die darüberliegende

Mitgliedsschaftsschicht gemeldet, um den Zusammenhalt der Gruppe überwachen zu können.

Der momentane Aufenthaltsort eines Mitgliedes kann über ein Sattelitennavigationssystem (GPS, Galileo (europ.), Glonas (russ.)) bestimmt werden. Diese Ebene sammelt alle für das Routing notwendigen Informationen, weshalb das Routing auch gleich hier implementiert werden kann.

Im Prinzip ist es möglich, ein vollkommen mobiles Netzwerk auch ohne IP-Adressen, nur über die ohnehin eindeutigen, vom Hersteller der Netzwerkkarte vorkonfigurierten MAC-Adressen,(Media Acess Layer) zu betreiben; die Verwendung einer hardwareunabhängigen Adressierung ermöglicht jedoch den Zusammenschluß von Rechnern mit unterschiedlichster Hardware und dadurch auch die Anbindung ans Festnetz, indem die Statusmeldungen Hardwareadresse, IP-Adresse und Aufenthaltsort des Absenders oder weiterer ihm bekannter Rechner enthalten. Im Festnetz gibt die IP-Adresse Aufschluß über den Ort, an den die Nachricht weitergeleitet werden soll; dies ist für mobile Hosts nicht besonders sinnvoll; eine Adreßvergabe, in der sich funktionale oder topologische Aspekte wiederspiegeln, wäre natürlich dennoch möglich.

Im ARP (Adress Resolution Protocol) dient die gleichzeitige Übermittlung der Adreßinformationen anderer Hosts ausschließlich der Entlastung des Übertragungsmediums von Statusmeldungen, in einem Funknetzwerk gibt sie auch Aufschluß über nicht direkt erreichbare Teilnehmer. Sendet jeder Host periodisch Informationen über alle ihm bekannten Hosts in seiner Gruppe aus, so erreichen einen die Informationen eines n Hops entfernten Host nach n Weiterleitungen. Das Wissen über die Positionen lediglich indirekt erreichbarer Computer ist nicht nur für die korrekte Weiterleitung von Einzelmeldungen unverzichtbar, sondern liefert auch der darüberliegenden Mitgliedsschaftsschicht wichtige Basisinformationen.

Auf dem Proximity Layer setzt der *Membership Layer* auf. Er bestimmt, wer dazugehört und wer nicht. Den funktionalen Aspekt einer Gruppe gibt zumeist ihre Benennung wieder. Daneben impliziert die Funktionalität auch viele Aufnahmekriterien. Hier kann es beispielsweise eine Einschränkung auf ein gewisses Areal wie den Umkreis um einen festen oder beweglichen Mittelpunkt, die aktuelle und künftig erwarteten Erreichbarkeit sowie die maximale Anzahl an Gruppenmitgliedern geben, entweder weil zur Lösung einer gewissen Aufgabe nicht mehr Rechner benötigt oder weil viele Implementierungen von Diensten die Kenntnis aller Mitglieder voraussetzen und daher nicht sonderlich gut skalierbar sind.

Diese Schicht muß aufgrund der vielen denkbaren Aufnahmekriterien entweder vielseitige Möglichkeiten bieten oder austauschbar sein. Letzteres ist durch das Designparadigma der Schichtung garantiert. Dazu müßte es das Betriebssystem dem Anwendungsprogramm gestatten, seine eigene Mitgliedsschaftsschicht an dieser Stelle einzuschieben oder ein Callback anzugeben, was aber einer Aufweichung des Schichtenmodells gleichkäme.

Im laufenden Betrieb ist der Membership Layer dafür zuständig, den Zusammenhalt der Gruppe zu überwachen und dabei den einzelnen Mitgliedern eine konsistente Sicht (*View*) zu garantieren. Eine Gruppe kann in mehrere Partitionen zerfallen, nämlich genau dann, wenn die Verbindung zwischen mehreren disjunkten Mengen von Mitgliedern vorübergehend abreißt. Alle Hosts einer Partition müssen dieselbe Sicht teilen. Der Proximity Layer liefert jedem Computer die Menge aller Teilnehmer, deren Signale ihn direkt oder indirekt erreichen. Sind alle Verbindungen bidirektional, so ist die Menge der erreichbaren Hosts genau jene, die einen erreichen kann. In diesem Fall entspricht das Netz einem ungerichteten Graphen, und es kann die vom Proximity Layer gelieferte Menge an Hosts ziemlich direkt als View (Sicht) eingerichtet werden, wobei hiermit automatisch gewährleistet ist, daß alle Rechner einer Partition dieselbe Sicht teilen. Ansonsten muß die zurückgelieferte schwache Zusammenhangskomponente des gerichteten Netzgraphen auf eine starke reduziert werden, wobei natürlich der eigene Knoten enthalten bleiben muß.

Schließlich setzen auf der Mitgliedschaftsschicht neben den traditionellen Ende-zu-Ende–Protokollen (TCP, UDP) noch ein oder mehrere Implementierungen für Multicasts auf. Diese bilden den *Multicast*-Layer und stellen Primitive für die Kommunikation von einem oder mehreren Mitgliedern mit mehreren anderen zur Verfügung (one-to-many, many-to-many).

Multicasts werden bereits hardwaremäßig und darauf aufbauend im Internet auch auf IP-Ebene unterstützt und können mittels UDP von den Anwendungen genutzt werden. Einzelne Hosts treten einer Gruppe bei, indem sie die Netzwerkkarte oder den nächstgelegenen Router so konfigurieren, daß er Pakete mit der Multicastadresse, welche die gewünschte Gruppe eindeutig bezeichnet, an sie weiterleitet. Die Mitgliedsschaftsschicht könnte natürlich diese Konfiguration direkt vornehmen. Dem ist aus mehreren Gründen nicht so:

Zum Einen sollen neben dem so implementierbaren Datagramm-Multicast (IP/UDP) auch noch andere Durchsagearten unterstützt werden, zum Anderen reicht es nicht, seine Absichten dem für die aktuelle Domain zuständigen Router mitzuteilen, weil es einen solchen in mobilen Ad-hoc-Netzwerken gar nicht gibt und sich daher alle Teilnehmer an der Weiterleitung beteiligen müssen.

Datagrammdurchsagen eignen sich beispielsweise für die Übermittlung von multimedialen Datenströmen wie Film. Das Nachsenden von Bildinhalten verlorengegangener Frames ist bei einer Echtzeitübertragung nicht sinnvoll, da so viele Einzelbilder zu spät ankommen würden. Die Ordnung, in der die einzelnen Bilder decodiert werden können, muß nicht der Anordnung entsprechen, in der sie abgesandt worden sind, sodaß die Umordnung am besten von der Anwendung selbst vorgenommen wird. Es gibt zwar Vorschläge für eigene Multimediaprotokolle (RTP, Real Time Transport Protocol), dennoch ermöglicht ein Datagrammservice vielfältigste Anwendbarkeit, indem es Aufgaben der Umordnung und der Erkennung verlorener Pakete der Anwendung überantwortet.

Andere Situationen erfordern wiederum die Übertragung eines geordneten verlustfreien Bytestromes an eine Menge von Mitgliedern der eigenen Partition. Handelt es sich dabei um eine einzige One-to-many-Verbindung, könnte man dieselbe Funktionalität auch durch den Aufbau von TCP-Verbindungen vom Sender zu allen Adressaten erreichen, was jedoch sehr ineffizient wäre. Sind mehrere Sender erlaubt, so kann eine absolute, für alle Empfänger idente Ordnung aller auf den Strom gemultiplexter Nachrichten erforderlich sein. Ein solches Service könnte in einem Chatroom für mehrere Benutzer oder zur Übermittlung von Befehlen eines Anwendungsprotokolls (vgl. FTP,...) an mehrere Adressaten benutzt werden.

Schießlich sollte auch ein Protokoll zur Verfügung stehen, das sich zur Übermittlung von Transaktionscodes eignet. Bei dem hier vertretenen dezentralen Ansatz der Datenspeicherung sollte am besten jeder Host den gesamten Datenbestand innehaben, um optimale Verfügbarkeit zu gewährleisten; jedenfalls sollte in jeder Partition zu jedem Zeitpunkt mindestens ein solcher Rechner vorhanden sein. Zu Beginn, wenn die Datenmenge noch gering ist, kann sie jeder Rechner aufnehmen, später, wenn sie soweit anwachsen sollte, daß einzelne Computer nicht mehr genügend freien Platz haben, kann der Datenbestand zunächst auf zwei, dann auf vier usf. Rechner aufgeteilt werden, währenddessen jeder Host weiterhin die wichtigsten Daten beibehält.

Nachrichten, die aufgrund einer Partitionierung nicht sofort zugestellt werden können, müssen bis zur nächsten Wiedervereinigung zwischengespeichert werden. Schlußendlich muß bei der Verschmelzung auch auf den in voneinander getrennten Partitionen initiierten Transaktionen eine totale Ordnung gefunden werden, um sicherzustellen, daß auf allen ursprünglich gleichen Datenbeständen dieselben Transaktionen in derselben Reihenfolge angewendet werden. Im Folgenden noch einmal eine Zusammenfassung der Anforderungen an ein solches total geordnetes, partitionsunabhängiges Multicast-Protokoll:

- zuverlässige, geordnete Verbindung
- Nachrichtenbasiert (nicht Bytestrom) eine Nachricht für eine Transaktion
- Speicherung von Nachrichten, bis Empfänger erreichbar
- totale Ordnung auf allen Nachrichten

Ein solches Protokoll benötigt klarerweise den Membership Layer, um Informationen über die Abspaltung und Vereinigung von Partitionen zu erhalten.

Damit wären die Aufgaben aller drei neu definierten Schichten festgelegt. Abschließend möchten wir aber noch das Schichtungsmodell aus [3] präsentieren, um zu zeigen, daß es hierzu durchaus unterschiedliche Ansätze gibt.

Die Connectivity Awareness steht dem Proximity Layer gegenüber, wobei das Routing und Geocasting auf eine darüberliegende Schicht ausgelagert worden ist. Daneben existiert noch ein sogenanntes Coverage Awareness, welches überwacht, ob das einer Gruppe zugeordnete Gebiet möglichst gut abgedeckt wird. Die Partition/Failure Anticipation („Teilungs- und Fehlervorwegnahme") ist hier als eigenes Segment des Group Membership Layers dargestellt.

Group Membership	
Partition/Failure Anticipation	
Coverage Awareness	Routing/Geocasting
Connectivity Awareness	
Location Awareness	

Dieser Ansatz mag sogar logisch besser nachvollziehbar sein als der anfangs vorgestellte, in der Praxis hingegen ist es oft angenehmer, an sich unterschiedliche Funktionen auf derselben Schicht zu implementieren, da eine zu rigide Kapselung nur zusätzlichen Aufwand und Performance-Einbußen mit sich bringen würde. Ähnlich wurden Anwendungs- und Darstellungsschicht sowie Transport- und Sitzungsschicht des ISO/OSI-Referenzmodells im Internet zusammen implementiert.

1.5 Implementierung und Algorithmen

1.5.1   Einrichtung einer konsistenten Sichtweise für gerichtete Netzwerke

Ganz so einfach ist es nun doch nicht, daß jeder Host nur periodisch Informationen über alle ihm bekannten Hosts in seiner Gruppe weiterzusenden braucht und die Hostmenge, die ihn erreicht, gleich als View eingerichtet werden kann. Einerseits soll, wie schon erwähnt, nicht unbedingt jeder erreichbare Host in die Gruppe aufgenommen werden, andererseits sagt die Tatsache, erreichbar zu sein, direkt noch nichts über jene Rechner aus, welche man selbst erreichen kann.

In diesem Abschnitt soll gezeigt werden, wie man in Netzwerken mit der Topologie eines ungerichteten Graphen starke Zusammenhangskomponenten erkennen kann; außerdem gelte es daraufhin unterschiedliche Vorstellungen über die Mitgliedschaft auf einen gemeinsamen Nenner zu bringen. Abschließend will ich noch die Berechnung des minimalen Spannbaums diskutieren, welchen man unter anderem zur Garantie eines sicheren Meistabstandes aller Gruppenmitglieder benötigt.

Eine Teilmenge von Knoten eines gerichteten Graphen heißt starke Zusammenhangskomponente, wenn zwei beliebige Punkte auf einem Kreis liegen, also in beiden Richtungen miteinander verbunden sind, für schwache Zusammenhangskomponenten ist es bereits hinreichend, wenn zwischen ihnen irgendeine Verbindung existiert, und diese Verbindung darf sogar aus einander entgegen gerichteten Kanten bestehen. Alle Partitionen einer Gruppe sollen stark zusammenhängend (d.h. jeder erreicht jeden), disjunkt und von maximaler Größe sein. Ferner müssen alle Hosts einer Partition dieselbe Sicht, genauer dieselbe Auffassung darüber, wer dazugehört und wer nicht, teilen.

Neben der Menge jener Hosts γ^-, deren Signale einen erreicht haben, konstruiert der gerade vorgestellte Algorithmus noch die Menge jener Hosts γ^+, zu welchen eine Rundreise möglich ist. Jeder Knoten bringt mit jeder neu empfangenen Statusmeldung seine Erreichbarkeitsmengen γ^- und γ^+ auf neuesten Stand und sendet periodisch sein eigenes γ^- und γ^+ zusammen mit seiner Identität ab:

$$G(V,E) \quad ;- \quad E \subseteq V{\times}V, \quad V=\{v_1,...,v_n\}, \quad Weg(a...e) = \{(v_1,v_2),(v_2,v_3), \ ... \ ,(v_{n-1},v_n) \ | \ v_1=a \wedge v_n=e\} \subseteq E$$

$n \in a.\gamma^- \Rightarrow \exists\ Weg(n...a)$		*Menge der Knoten, die a erreichen*
$n \in a.\gamma^+ \Rightarrow \sqsupset\ Weg(a...n...a)$		*Knoten für die es von a aus eine Rundreise gibt*
$a \in (\ \gamma^- \cap \gamma^+\ )$		*Jeder Knoten ist von sich selbst erreichbar*
Anfangs gelte: $a.\gamma^- := a.\gamma^+ := \{a\}$	$\forall a{\in}V$	*Initialisierung*

x sendet an a:

$$a.\gamma^- := a.\gamma^- \cup x.\gamma^- \qquad \forall n{\in}x.\gamma^-(\exists Weg(n...x),(x,a){\in}E \ \rightarrow\ \exists Weg(n...a) \ \rightarrow\ n{\in}a.\gamma^-)$$

$$a \in x.\gamma^- \ \rightarrow\ a.\gamma^+ := a.\gamma^+ \cup x.\gamma^+$$

$a \in x.\gamma^-$

$\Rightarrow \forall m \in x.\gamma^+: \exists \, Weg(a...x...m...x...a) = Weg(a...m...a)$

$\Rightarrow \forall m \in x.\gamma^+: m \in a.\gamma^+$

$\Rightarrow \exists Weg(a...x...a) \quad \wedge$

$\forall m \in x.\gamma^+: \exists \, Weg(m...x) \wedge \exists \, Weg(x...m)$

Dieser Algorithmus terminiert, wenn sich die Menge keiner der Knoten mehr ändert. In der Praxis wird er weiterlaufen, solange die einzelnen Knoten in Bewegung bleiben. Wendet man ihn auf einen Graphen an, in dem alle Kanten beidseitig sind, so kennt bei einem Durchmesser d jeder Knoten nach spätestens d Schritten sein Einzugsgebiet γ^- und nach 2d Schritten alle erreichbaren Knoten γ^+, was auch unserer Erwartung entspricht, denn um an den entferntesten Knoten und wieder zurück zu senden, braucht es nun mal 2d Hops. Ungerichtete Verbindungen stellen zwar oft nur Ausnahmesituationen dar, werden aber auch erkannt. Leider weist der eben vorgestellte Algorithmus hier nicht immer so gute Laufzeiten auf, denn bis alle Knoten eines Kreises mit Umfang U (Kreis mit U Knoten und Kanten) von der Erreichbarkeit aller anderen Knoten auf dem Kreis wissen, muß der Kreis U-1 mal durchlaufen werden, weil pro Durchlauf immer nur der unmittelbare Vorgänger eines jeden Knotens in γ^+ aufgenommen werden kann. Nachdem für jeden Durchlauf die Nachrichten U mal durchgereicht werden müssen, bis sie wieder beim Absender ankommen, sind U^2 Hops für U Durchläufe notwendig, sodaß die Komplexität $O(n^2)$ beträgt, wenn der Graph aus einem einzigen großen Kreis besteht.

Es ist zwar möglich, den Algorithmus so zu erweitern, daß alle Hosts auf einem Kreis bereits nach dem ersten Durchlauf voll informiert sind, während zu jedem in γ^- aufzunehmenden Knoten auch die Menge seiner Vorgänger vermerkt wird. Dies macht jedoch die Datenstrukturen sperrig und den Algorithmus komplizierter, was man nur in Kauf nehmen sollte, wenn dies auch angebracht erscheint.

Eine Möglichkeit, in der verschiedene Mitglieder ihre Vorstellungen über die Mitgliedschaft anderer Knoten einbringen können, ist es, die Mengenvereinigung bzw. den Mengendurchschnitt aller Vorschläge zu bilden, indem man seine aktuelle Vorstellung mit den empfangenen vereinigt bzw. schneidet und wieder aussendet, bis alle von Nachbarn empfangenen Knotenlisten Ober- bzw. Untermenge der eigenen sind. [8] schlägt vor, die Bildung der Mengendisjunktion zur Einrichtung von Partitionen in Netzwerken mit gerichteten Verbindungskanten zu verwenden. Nachteil dabei ist, daß die nicht im Durchschnitt enthaltenen Hosts dabei alleine stehenbleiben. Ein Teilnehmer könnte zudem, ob in übler Absicht oder nicht, ein Frame mit leerer Menge aussenden und würde dadurch den Gruppenbildungsprozeß unmöglich machen.

Deshalb sollte jeder Empfänger nachsehen, ob er selbst in der neuen Menge enthalten ist und, wenn nicht, statt den Durchschnitt mit der eigenen Sichtweise zu bilden die Hosts der konkurrierenden Sicht von seiner eigenen abziehen. Ein Host, der die leere Menge aussendete, würde somit alleine stehenbleiben und die übrigen Rechner bei der Gruppenbildung nicht weiter stören.

Diese Methode kann auch statt des obigen Ansatzes der gleichzeitigen Berechnung von Einzugsgebiet und Erreichbarkeit auf Ebene der Ortsbestimmungsschicht (Proximity Layer) verwendet werden, um in einer zweiten Phase auf Ebene der Mitgliedschaftsschicht den starken Zusammenhang jeder Partition sicherzustellen, während nur Informationen über das Einzugsgebiet, also jene Hosts, die einen erreichen können, von der darunter liegenden Schicht benötigt werden.

Die beiden vorhin gezeigten Ansätze dienen u.a. zur aktiven Erkundung der Erreichbarkeit; diese könnte aber auch aufgrund technischer Daten wie der Reichweite des Senders, welche in den auf Ebene des Proximity Layer ausgetauschten Statusmeldungen mitgesendet würden, ex ante errechnet werden, ohne daß natürlich dabei der Einfluß von nicht weiter vorhersehbaren Unterbrechungen oder Störungen Berücksichtigung finden könnte. Da auch Hindernisse im Weg sein können, wäre dies sicher kein leichtes Unterfangen.

Abgesehen von derart diffizilen Unterschieden wie Erreichbarkeit und Erreichtwerden stellt zuletzt angeführtes Prinzip der Vereinigung sowie der fallweisen Durchschnitts- und Komplementbildung einen wichtigen Ansatz zur verteilten Mitgliederaufnahme dar, welcher auch mit unterschiedlichen Vorstellungen einzelner Hosts umgehen kann.

Neben Kriterien, die einzelne Hosts betreffen, sind für die Bildung von Rechnergruppen auch Eigenschaften wie Signallaufzeiten, Zusammenhalt und die Anzahl der Mitglieder von Bedeutung.

Die maximale Signallaufzeit vom einen äußersten Ende der Gruppe zum anderen wird im graphentheoretischen Netzwerkmodell durch den sog. Durchmesser wiedergegeben, welcher den längsten aller kürzesten Wege zwischen zwei beliebigen Punkten bezeichnet. Dieser kann mit einer Rekursion über den längsten Weg vom Punkt x und dem Durchmesser eines auf x gebildeten Teilgraphen gelöst werden, worauf ich aber hier nicht näher eingehen möchte. Eine weitere Möglichkeit ist es, für zyklenfreie ungerichtete Graphen den längsten Weg von einem Endpunkt aus und von dem dadurch ermittelten gegenüberliegenden Endpunkt aus noch einmal den längsten Weg zu ermitteln.

Maßgebend für den Zusammenhalt ist gewiß der minimale Spannbaum eines ungerichteten Graphen. Er verbindet die Knoten mit den kürzesten zur Verfügung stehenden Kanten. Die derzeit oder in nächster Zukunft voraussichtlich längste Kante des Spannbaumes (z.B. bei Annahme gleichförmig bewegter Hosts) laufe dabei am ehesten in Gefahr, die Verbindung zwischen den beiden verbleibenden Komponenten zu trennen, unterdessen noch längere Mehrfachverbindungen vernachlässigt bleiben dürfen. Der Spannbaum wird gewöhnlich auf ungerichteten Graphen berechnet, was aber hier kein großes Problem darstellen sollte, denn die Partitionen einer Gruppe bilden starke Zusammenhangskomponenten.

Berechnet werden kann der minimale Spannbaum auf verteiltem Wege durch Meldungen zwischen einzelnen Hosts oder einfacher mittels Greedy- ("gierigem") Algorithmus [JN]. Dieser ist anwendbar, weil kreisfreie Partialgraphen, welche durch das Weglassen von Kanten vom Ausgangsgraphen entstehen, ein spezielles Unabhängigkeitssystem, nämlich ein sogenanntes Matroid bilden. Unabhängig sei jeder Partialgraph, der keine Kreise enthält; Basen sind maximal unabhängig; somit bildet jede maximale kreisfreie Kantenmenge eine Basis. Der Greedy-Algorithmus ist anwendbar, weil in jedem Unterraum des Unabhängigkeitssystems, bestehend aus einem induzierten Subgraphen (entsteht durch das Weglassen von Knoten), alle Basen aus gleich vielen Kanten bestehen; d.h. jeder Spannbaum hat wie jeder andere Baum eben auch bei n Knoten n-1 Kanten. Soviel zum mathematischen Hintergrund.

Die Anwendung des Greedy-Algorithmus ist hingegen vergleichsweise einfach. In den zunächst kantenlosen Graphen werden solange Kanten aufgenommen, welche keinen Kreis mit bereits bestehenden Kanten bilden dürfen, bis die Aufnahme jeder weiteren Kante einen Kreis schlösse, also die Unabhängigkeit zerstörte. Können mehrere Kanten aufgenommen werden, wird gierigerweise stets die kürzeste genommen. Die Kantenlänge des entstehenden Baumes ist deshalb minimal, weil ein Baum mit n Knoten immer n-1 Kanten besitzt, egal in welcher Reihenfolge diese aufgenommen werden.

Den Kreisschluß beim Aufnehmen einer neuen Kante entdeckt man dadurch, daß eine solche Kante zweimal die gleiche Zusammenhangskomponente verbindet, anstatt zwei verschiedene zu vereinen. Die Kanten einer Zusammenhangskomponente könnten als einfach verkettete Liste gespeichert werden, wobei jeder Knoten zusätzlich auf das erste Element der Liste zeigt. Der Zeiger zum Listenkopf wird benötigt, um möglichst schnell festzustellen, ob zwei Kanten in derselben Komponente sind. Beim Verschmelzen zweier Zusammenhangskomponenten wird die kürzere Liste an die längere angehängt. Damit ergibt sich eine Worst-Case-Komplexität von $(\Sigma i=1..n \bullet i-1) = (n-1)(n-2)/2 = (n^2-3n-1)/2 \in O(n^2)$

1.5.2   Überwachung des Zusammenhalts

[1] Durch das regelmäßige Weiterleiten der Ortsinformationen in Form von Statusmeldungen kenne jeder Knoten die Menge jener Hosts, die er erreichen kann. Dies bedeutet aber für diesen Knoten noch nicht, daß sich all diese Hosts tatsächlich innerhalb eines sicheren Abstandes von ihm befinden, geschweige denn, daß Sender und Empfänger zu jedem Zeitpunkt die gleiche Auffassung der Gruppentopologie

haben, denn bis die Informationen eines n Hops entfernten Hosts wieder zurückkommen, braucht es 2n Zeitintervalle. Um etwa eine fehlerfreie Transaktionsverarbeitung implementieren zu können, ist es daher sinnvoll, Vereinigung und Abspaltung von Teilgruppen als atomare Ereignisse einzuführen. Eine möglicherweise Transaktionscodes beinhaltende Nachricht sollte noch im selben Gruppenzustand gesendet und empfangen werden können, indem Zustandsübergänge entweder ganz bevor oder erst nachdem alle laufenden Einzelübertragungen abgeschlossen sind, erfolgen. Eine Meldung, die in einer stark zusammenhängenden Gruppe gesendet wurde, sollte also inklusive dem zurückgelieferten ACK noch an ihrem Ziel ankommen, bevor sie in mehrere Partitionen zerfällt; schlimmstenfalls müßte die Nachricht verworfen werden, um zu verhindern, daß sie jemand in einem anderen Zustand empfängt, als sie gesendet worden ist, was man durch die Einhaltung von sicheren Abständen, welche nicht zu groß sein dürfen, zu erreichen trachtet.

Bisher haben wir nur den Fall betrachtet, daß sich Partitionen bei der Gruppenbildung in direkter Verbindung miteinander stehender Mitglieder abspalten und wiedervereinigen können; die im folgenden diskutierten Mechanismen könnten aber genauso zur Vereinigung vollkommen unabhängig voneinander entstandener Gruppen eingesetzt werden. Semantisch gesehen müßte das aber wohl ganz unterschiedliche Ereignisbehandlungen mit sich ziehen. Jedenfalls könnte statt einer expliziten Gruppenbildung zum Zeitpunkt x auch jeder Knoten als eigene Gruppe starten und durch fortgesetzten Zusammenschluß mit benachbarten Gruppen Teil einer größeren Gruppe werden.

Jede Partition oder stark zusammenhängende Gruppe wählt nach [1] einen Anführer, welcher einer nahekommenden Gruppe gegebenenfalls eine Vereinigung vorschlägt und gleichfalls die Abspaltung einer sich entfernenden Partition bekanntgibt. Als eindeutige Kennung der Gruppe kann dabei einfach die Kennung (Adresse) des Anführers dienen. Dem Anführer sind Positionen und Gruppenzugehörigkeit aller Rechner im eigenen Umkreis zu melden. Bei Verwendung des im letzten Kapitel eingeführten Algorithmus sind diese ohnehin jedem Teilnehmer bekannt.

Kommt eine neue Gruppe in Reichweite, so sendet der Gruppenleiter einen sog. „Merge-Request" an den Leiter der gegenüberliegenden Gruppe, welcher entweder mit einem ACK oder, wenn dieser gerade beschäftigt (u.a. mit anderem Merge) ist, mit einem NAK antwortet. Daraufhin bereiten sich die Mitglieder beider Gruppen auf die Zusammenlegung vor, indem sie die Nachrichtenübertragung sowie sich gerade in Bearbeitung befindliche Transaktionen abschließen und daraufhin ein „Flush" zum Gruppenleiter senden, welcher den Vollzug der Vereinigung, sobald von allen

Mitgliedern ein Flush eingetroffen ist, bekanntmacht (die Flushes könnten auch gebroadcastet per Broadcast verteilt werden, wenn jeder Teilnehmer selbst mitzählte). Hosts, welche über längere Zeit nicht reagieren, können vorübergehend aus der Gruppe fallen. Statt einer asynchronen Verarbeitung kann man auch versuchen, das System mit Echtzeitanforderungen zu betreiben, was verhindern würde, daß jemand zu Unrecht ausgeschlossen werden würde; den unvorhergesehenen zeitweisen Wegfall eines Mitgliedes sollte das System trotzdem verkraften können, da auch Abstürze immer wieder vorkommen, wenngleich der entsprechende Host daraufhin möglichst bald mit dem Recovery beginnt. Sendet ein Host, der hinausgefallen ist, an einen Host der Gruppe, so erkennt dieser, daß der Absender der Nachricht nicht in seiner Mitgliederliste enthalten ist und gibt statt eines ACK einen Merge-Request zurück.

Die Abspaltung von Partitionen läuft nach demselben Muster ab. Den Empfang einer Mitgliederliste merken nämlich auch jene, die nicht mehr darin enthalten sind. Verfügten beide Anführer stets über vollständig aktuelle Daten, würden sie sich gleichzeitig und wechselseitig einen Abspaltungsbescheid erlassen. Zerfällt die Gruppe, bevor jeder die Abspaltung bestätigt hat, kann an noch auf Rückmeldungen aus der anderen Gruppe wartende Hosts eine Fehlermeldung ausgesandt werden. Grundsätzlich ließe sich das Protokoll vereinfachen, indem man auf Bestätigungen verzichtet und jeder Host selber prüft, ob sein Kommunikationspartner noch online ist, sofern jedem einzelnen Host alle Positionsangaben unterbreitet werden.

Zwischen den Hosts einer Gruppe darf der Abstand den sicheren nicht überschreiten, sonst wird eine Partitionierung eingeleitet. Dies überprüft der Leiter durch den Vergleich der größten Kante im minimalen Spannbaum mit dem sicheren Abstand. Welche Abstände als sicher erachtet werden sollen und welche nicht, hängt von der Mitgliederaufnahmestrategie (group membership policy) ab.

Am einfachsten handhabbar sind statische Ansätze, welche nur eine maximale Geschwindigkeit v_{max} für jedes Gruppenmitglied festlegen. Zwei Mitglieder können sich folglich mit max. $2 \cdot v_{max}$ voneinander entfernen, wenn sie sich beide in die entgegengesetzte Richtung bewegen. Die Zeit, welche von der Ankündigung bis zur tatsächlichen Abspaltung vergehen darf, heiße T_{trans}. Sei R die Reichweite (Sendestärke mal Empfangspräzision) und r der sichere Radius, so gilt:

$$r_1 = R - (2 \cdot v_{max} \cdot T_{trans})$$

Es ist auch möglich, die momentane Geschwindigkeit v einzubeziehen und die maximale Beschleunigung α_{max} zu beschränken, sodaß ein Überschallflugzeug, das knapp an einer stehenden Gruppe vorbeifliegt, erst gar nicht aufgenommen wird.

$$r_2 = R - T_{trans} \cdot \max\{ \ |v_i + v_j| + 2\alpha_{max}T_{trans} \ | \ i, j \in \text{Gruppe} \ \}$$

$$r_2{'} = R - T_{trans} \cdot \max\{ \ |v_i| + |v_j| + 2\alpha_{max}T_{trans} \ | \ i, j \in \text{Gruppe} \ \}$$

$$= R - T_{trans} \cdot (\ \max_1(V) + \max_2(V) + 2\alpha_{max}T_{trans}) \ \leq \ r_2$$

$$wobei\ V = \{\ |v_i|\ \ |\ \ i \in Gruppe\},$$

$$max_2(X)\ ...\ zweitgrößter\ Wert$$

$r_2{}'$ ist leichter berechenbar als r_2, berücksichtigt aber nur den Betrag der Geschwindigkeit und nicht die Richtung

Schließlich könnte man beide Ansätze kombinieren, indem man sowohl die Geschwindigkeit als auch die Beschleunigung begrenzte, wobei man das Maximum aus r_1 und r_2 nimmt, sodaß aber Concordflüge erst nicht berücksichtigt wären.

Wiedervereinigung und vormalige Trennung habe ich anhand eines Gruppenanführers besprochen, wenngleich es sogar effizienter wäre, beide Vorgänge über Vertreter, welche möglichst nahe am Geschehen sind, abzuwickeln. Die Vereinigung könnten jene beiden Hosts initiieren, die einander am nächsten kommen, und bei gleich nahen jene mit der niedrigsten Kennung, obgleich von zwei der anderen Seite gleich nahe gerückten Hosts wohl jeder für sich anfangs glauben würde, daß er selbst der Nächstgelegene wäre, weil die Information über die Bewegung des jeweils anderen nicht sofort ankommt. So weit so gut; im Falle unterschiedlicher Abspaltungsbescheide zweier vermeintlicher Vermittler könnte einfach jener mit höherer Erzeugerseriennummer ignoriert werden. Insgesamt bietet die Ortskenntnis sowie die Ereignissteuerung von Vereinigung und Spaltung die Basis für partitionsorientierte oder gruppenbezogene Multicast-Services, auf welche ich jetzt näher eingehen will.

1.5.3 Multicasts

Letztendlich sollen aufbauend auf Gruppenbildung und -zugehörigkeit noch Protokolle zur Kommunikation zwischen Gruppenmitgliedern definiert werden. Dabei spielen neben der traditionellen Host-zu-Host-Kommunikation eben auch verschiedene Formen von Multicasts eine Rolle. Ich habe bereits im Abschnitt über die Architektur drei verschiedene Durchsageformen beschrieben und will nun auf die Implementierung von total geordneten partitionsunabhängigen Multicasts eingehen. Zuvor jedoch noch ein paar Worte über Datagramm-Multicasts und verläßliche geordnete Durchsagen, welche die Basis für die zuletzt beschriebenen total geordneten, partitionsunabhängigen Multicasts bilden.

Die einfachste Möglichkeit, eine Nachricht an mehrere Empfänger zu schicken, sieht das Fluten des gesamten Netzes vor, während nur jene, die Interesse haben, diese auch tatsächlich lesen. Dabei leitet jeder Rechner alle ihm noch nicht bekannten Nachrichten, welche er empfängt, an alle seine Nachbarn weiter. Dabei werden leider einige Nachrichten mehrmals an denselben oder an einen Host weitergeleitet, der gar nicht daran interessiert ist.

Eine bessere Lösung stellt die Übertragung der Nachrichten über die Kanten eines minimalen Spannbaumes dar. Die Kantengewichtung gibt hierbei die Kosten für eine Übertragung auf der jeweiligen Verbindung wieder, sodaß die Übertragung entlang des minimalen Spannbaumes die geringsten Kosten verursachen sollte. Trotzdem erzielen in der Praxis Protokolle, welche Informationen über mehrere Wege zum Ziel schicken [6], bessere Erfolge, da sich die Weiterleitungskosten durch übermäßige Belastung einer einzigen Leitung erhöhen.

Für mobile Ad-hoc-Netzwerke ist demgegenüber die direkte Abbildung von Hosts auf Knoten und Verbindungen auf Kanten kein sehr passendes Modell, da mit dem Aussenden einer Information automatisch alle in Reichweite befindlichen Rechner mithören. Kanten müßten demgemäß einen Host mit allen umliegenden verbinden, auch wenn Kanten in einem ungerichteten Graphen per definitionem nur an zwei Knoten inzidieren dürfen. Diesen Umstand könnte man durch die Einführung künstlicher Abzweigungsknoten umgehen. Auch dann, wenn diese Überlegungen keine Berücksichtigung finden, spart der Einsatz minimaler Spannbäume immerhin den Endknoten unnotwendige Weiterleitungsversuche. Nun kann man versuchen, für jeden Knoten die Menge jener Hosts, welche dieser erreichen kann, aufzuschreiben und das so gestellte Mengenüberdeckungsproblem zu lösen, doch ist dieses NP-vollständig ($O(2^n)$) und nicht ohne weiteres effizient lösbar oder approximierbar.

Wir wollen uns jetzt aber lieber nicht an die optimale Lösung von Datragramm-Multicasts in mobilen Netzwerken wagen, sondern besser Ausschau halten nach der Herstellung eines verläßlichen geordneten Multicasts. Übermittelt ein Host seine Nachricht an ihre Zielgruppe, so muß jeder Host aus der Zielgruppe ein ACK zurückgeben. Es würde wohl zu einem heillosen Chaos führen, wenn dies anhand von lauter Einzelmeldungen zurück an den Absender geschehen würde, denn dann müßte der Absender für eine Durchsage an 1000 Empfänger 1000 ACKs entgegennehmen können. Auch die Ersetzung von ACKs durch NAKs kann die Worst-Case-Komplexität nicht verbessern. Deshalb ist es sinnvoll, jeden Knoten nur für die Verteilung an seine direkten Nachbarn verantwortlich zu machen. Erhält ein Rechner eine Multicastnachricht, so speichert er diese, während er sie an alle Nachbarn im Spannbaum weiterzugeben versucht. Er darf den Speicherplatz erst wieder freigeben, wenn er von all seinen Nachbarn ein ACK erhalten hat. Durch die strikte Übermittlung aller Nachrichten entlang eines Spannbaumes ginge die Ordnung, in der die Pakete abgesandt worden sind, eigentlich nicht verloren, es sei denn, wir befinden uns in einem mobilen Netzwerk, bei dem das Absenden einer Nachricht nicht nur dem eigentlichen Adressaten, sondern stets allen benachbarten Hosts zu Gehör kommt. In diesem Fall kann die Verwendung von absenderspezifischen Ordnungszahlen, wie dies bei TCP Anwendung findet, von Nutzen sein.

Jetzt können wir uns endlich an total geordnete partitionsunabhängige Multicasts wagen. Diese ermöglichen es einer Gruppe von Servern, kongruente Datenbestände beizubehalten. Dies ist vor allem in hochmobilen Ad-hoc-Netzwerken, in denen Verbindungen zwischen einzelnen Hostgruppen zeitweise abreißen können, eine wirkliche Herausforderung. Wenn wir uns beispielsweise die Leistungsdaten eines heute erhältlichen Notebooks mit 120 GB Festplatte und einer WLAN-Karte für 10 Mbit/s ansehen, so müssen wir feststellen, daß zur Übertragung des gesamten Festplatteninhaltes in unkomprimierter Form fast 1,2 Tage notwendig sind $(120*1024^3*8\text{bit/Byte} \div 10^7\text{bit/s} \div 3600\text{h/s} \div 24\text{h/d})$. Angesichts dieses Umstandes wird jeder Rechner versucht sein, so viele Daten wie möglich selbst zu speichern. Bildet eine Menge von gleichwertigen Computern ein Netzwerk, so ist es folglich nicht unbedingt sinnvoll, nur ganz bestimmte Computer als Server auszuzeichnen und alle übrigen zu Proxies zu degradieren. Hier ist ein client/server-loser Ansatz, nämlich jener der Gruppenkommunikation, gefragt!

Kommen wir zum total geordneten partitionsunabhängigen Multicast zurück. Total geordnet bedeutet nicht nur, daß die Pakete, welche von einem einzelnen Host abgesendet worden sind, untereinander geordnet sind, sondern auch, daß eine totale Ordnung auf allen Nachrichten, welche von den unterschiedlichsten Hosts erzeugt worden sind, existiert. Sollen eine Abbuchung von 100€ und eine Einlage von 200€ auf ein Konto von 50€ erfolgen, so scheitert die Abbuchung, wenn sie vor der Einlage vorgenommen werden soll, solange es keinen Überziehungsrahmen gibt, wovon wir hier einmal ausgehen wollen. Will ein Netzteilnehmer 100€ abbuchen, so schickt er allen Gruppenmitgliedern, welche Kontodaten verwalten, eine Nachricht. Nun soll der Umstand, daß die Abbuchung glückt, nicht davon abhängen, welche der beiden Nachrichten (Abbuchung oder Einlage) früher bei den einzelnen Kontoverwaltungsrechnern ankommt, sondern von einer totalen Ordnung auf beiden Nachrichten. Diese totale Ordnung kann beispielsweise aus einem Zeitstempel und der eindeutigen Kennung des Absenders bestehen, sodaß eine Nachricht vor der anderen kommt, wenn sie früher oder von einem Host mit kleinerer Ordnungszahl erzeugt worden ist. Gäbe es keine solche totale Ordnung, so würden nämlich einige Kontoverwaltungsmaschinen die Abbuchung ausführen, andere jedoch einen Fehler zurückgeben, was die Inkonsistenz der Datenbestände als Folge hätte.

Kommt die Abbuchung also früher an und hat sie eine größere Ordnungszahl, so muß ihre Verarbeitung mindestens bis zum Eintreffen der Einzahlung hintangehalten werden. Die maximale Verzögerung, genannt Jitter, in einer Partition ist aus dem Netzdurchmesser und den Queuing-Delays bei der Weiterleitung gegeben. Wartete jeder Host die maximale Verzögerung vor dem Versuch eines Commit ab, so verfügte er zu diesem Zeitpunkt auch schon über die richtige Reihenfolge der zu konsolidierenden Transaktionen, solange keine Pakete auf dem Weg verlorengegangen sind. Für die Durchführung des Commit warten alle Hosts zusammen, bis jeder seine Flush-Message abgegeben hat. Es empfiehlt sich hierbei, die Ordnungszahlen der zu bestätigenden Transaktionen mitzusenden, weil nur der Durchschnitt aller angeführten Transaktionen bestätigt werden darf. Nachrichten mit kleinerer Ordnungszahl als der zuletzt einem Commit unterzogenen müssen verworfen werden.

Eine Alternative hierzu ist es, sich für jede Meldung vor dem Abschicken eine eindeutige Sequenznummer vom Gruppenleiter zu holen, während Nachrichten bereits verarbeitet werden dürfen, sobald alle Nachrichten mit vorhergehenden Sequenznummern eingetroffen sind. Commits sind deshalb leider trotzdem nicht ganz überflüssig, weil Datenbankserver auch abstürzen können und beim Wiederanlauf sichergestellt sein soll, daß die bestätigten Transaktionsnachrichten erhalten bleiben.

Ist die Einführung einer totalen Ordnung geglückt, kann man sich an die Behandlung von Partitionierungen machen. Sind nicht alle Empfänger in der aktuellen Partition zu finden, so speichern alle an der Weiterleitung Beteiligten die Nachricht bis zur nächsten Wiedervereinigung, ohne natürlich auf das ACK der abwesenden Hosts zu warten. Ist es dann so weit, wird der Multicast anhand des neu aktualisierten Spannbaumes wiederaufgenommen, indem der der aufzunehmenden Partition nächstgelegene Host die Übertragung startet. Solange nicht alle Adressaten ihr ACK abgeben konnten, sollte also noch nicht an die Freigabe des Paketes gedacht werden, da statt einem Zusammenschluß auch eine weitere Aufteilung folgen kann und in diesem Fall gleich beide Untergruppen über die Nachricht verfügen.

Die Frage, die sich jetzt noch stellt, ist, wie man eine totale Ordnung in einem solchen partitionierbaren System etablieren kann. Gibt es einen Koordinator, der Ordnungszahlen austeilt, so müßten Nutzer, welche sich nicht in derselben Partition wie der Koordinator befinden, bis zur nächsten Wiedervereinigung mit dieser warten und dürften erst dann jene Nachrichten sequenzieren und versenden, die sie schon immer aufgeben wollten. Bevor eine Aufspaltung eintritt, kann der Koordinator noch schnell in eine andere Partition wechseln, um auch in Zukunft eine größtmögliche Anzahl an Hosts versorgen zu können; eine laufende Verlagerung in die Mitte der Gruppe, also dorthin, wo mit ausreichend kurzen Spannbaumkanten möglichst viele Hosts erreicht werden können, wäre natürlich auch denkbar.

Kommen Partitionierungen häufig vor, ist auch diese Lösung recht unbefriedigend. Es wäre wünschenswert, jeder Untergruppe ihre eigene konsistente Sichtweise zu geben, bis sie auf die Hauptgruppe mit ihrem Koordinator trifft. Dazu können in jeder Teilgruppe Ordnungszahlen ausgegeben werden, welche für alle Mitglieder der Teilgruppe eine totale Ordnung bilden. Schließen sich zwei Gruppen zusammen, müssen sie die beiden (für sich genommen totalen) Partialordnungen in einer einzigen Reihe total anordnen. Diese Zusammenführung kann durch einfaches

Hintereinanderstellen, durch Verschmelzung nach dem Reißverschlußprinzip oder dem Zeitstempelverfahren geschehen, welches früher initiierte Nachrichten weiter vorne einreiht.

1. Hintereinanderstellen: $[x;y]$ & $[a;b]$ -> $[x;y;a;b]$
2. Reißverschlußprinzip $[x;y]$ & $[a;b]$ -> $[x;a;y;b]$
3. Zeitstempelverfahren $[1\!:\!a;\ 2\!:\!w]$ & $[1\!:\!x;\ 2\!:\!c;\ 3\!:\!a\ ]$ -> $[1\!:\!a;\ 1\!:\!x;$

$2\!:\!c;\ 2\!:\!w;\ 3\!:\!a]$

Zeitstempelverfahren und Reißverschlußprinzip können die Fairness bei der Vereinigung zweier Nebenpartitionen garantieren, während bei der Vereinigung mit der Hauptpartition sich die Nachrichten von Nebenpartitionen hintanstellen müssen. Transaktionen aus der Hauptpartition sollen nämlich weiterhin laufend konsolidiert werden können, während solche aus Nebengruppen mit ihrem Commit bis zur Vereinigung mit der Hauptgruppe warten müssen. Solange sie nicht mit einem Commit bestätigt worden ist, steht auch das endgültige Ergebnis einer Transaktion nicht fest.

Auch [5] beschäftigt sich mit den dort sog. „Totally Ordered Broadcasts in the Face of Network Partitions": Hier erhält jede Nachricht einen der Zustände rot, gelb oder grün, je nachdem ob sie nur in einer Nebenpartition bekannt ist, in der Hauptpartition bekannt ist, aber ihre Anordnung noch nicht endgültig feststeht, oder ob sie fertig für das Commit ist.

Somit wären alle zuvor geforderten Eigenschaften des total geordneten partitionsunabhängigen Multicasts erfüllt. Partitionsunabhängig soll hier bedeuten, daß eine Nachricht, sobald dies möglich ist, alle Gruppenmitglieder erreicht, unabhängig davon, in welcher Partition sie aufgegeben wurde. Es bietet sich ferner die Möglichkeit, ein solches Service basierend auf partitionsbezogenen relativen Sequenznummern (1,2,3,…) oder auf quasi absoluten Größen wie der Kombination aus Zeitstempel und Adresse einzurichten, wobei stets beachtet werden muß, daß die Nachrichten der Hauptpartition vor allen anderen einzureihen sind.

1.6 Zusammenfassung

Für die Kommunikation in Gruppen gibt es sicherlich vielfältigste Anwendungen, ausgehend von der Vernetzung einzelner Automobile für Verkehrsleitsysteme oder zur Erkennung von Stausituationen bis hin zur verteilten Speicherung von Datenbeständen. Das Paradigma der Gruppenkommunikation eignet sich hervorragend für den Einsatz in mobilen Ad-hoc-Netzwerken und bietet einen ersten Ansatz, um sich selbst organisierende autonome Systeme verwirklichen zu können, so wie diese in der Natur überall zu finden sind.

Ich habe in dieser Arbeit versucht schrittweise darzustellen, wie ein solches gruppenbasiertes System arbeiten kann und bin - von der Erfassung der Ortsinformationen über die Mitgliedschaft in Gruppen bis zur tatsächlichen Unterstützung der Kommunikation aller Mitglieder untereinander - die einzelnen Ebenen anhand des zuvor beschriebenen geschichteten Architekturmodells schrittweise durchgegangen. Wenn ich hier auch nicht alles erschöpfend behandeln konnte, so hoffe ich doch einen guten Überblick über die sich bietenden Möglichkeiten gegeben zu haben.

Um ein mobiles Ad-hoc-Netzwerk tatsächlich implementieren zu können, sind natürlich weitere Wissensgebiete in die Betrachtung miteinzubeziehen: das Routing einzelner Nachrichten, welches die Voraussetzung für viele gruppenbasierte Services bildet, sowie eine Reihe weiterer Kommunikationsparadigmen wie das Publish/Subscribe-Modell, Event-Based Communication oder Gossip- und Epidemic Dissemination.

Anmerkung der Redaktion:
Bild wurde aus urheberrechtlichen
Gründen entfernt.

Die Gruppenkommunikation bietet jedenfalls neben ihrem Beitrag zur Erschließung völlig neuer Gebiete wie der Kommunikation in mobilen Ad-hoc-Netzwerken auch neuartige Lösungsansätze für bereits bestehende, derzeit aber andersartig gelöste Probleme wie der Kommunikation zwischen Client und Server an. Insgesamt betrachtet handelt es hier um eine aktive Forschungsdisziplin, welche zwar derzeit eher selten angewandt wird, in Zukunft aber ein hoch innovatives Potential bereitstellen könnte.

Literaturverzeichnis

[EFGK03]   Eugster, P.Th., Felber, P., Guerraoui, R., Kermarrec, A.-M.: The Many Faces of
               Publish/Subscribe, in: ACM Computing Surveys (CSUR), Volume 35, Issue 2 (June
               2003), S. 114-131

[TaSt02]   Tanenbaum, Andrew, S., van Steen, Maarten: Distributed Systems – Principles and
               Paradigms, Prentice Hall, 2002

[HuGa01]   Huang, Yongqiang, Garcia-Molina, Hector: Publish/Subscribe in a Mobile
               Environment. In: Proceedings of the 2nd ACM International Workshop on Data
               Engineering for Wireless and Mobile Access (MobiDE), 2001

[HuGa01b]   Huang, Yongqiang, Garcia-Molina, Hector: Exactly-once semantics in a replicated
               messaging system. In: Proceedings of the 17th International Conference on Data
               Engineering, 2001

[HuGa03]   Huang, Yongqiang, Garcia-Molina, Hector: Publish/Subscribe Tree Construction in
               Wireless Ad-hoc Networks. In: 4th International Conference on Mobile Data
               Management (MDM), 2003

[MuPR99]   Murphy, A. L., Picco, G. P., Roman, G.-C.: LIME: Linda Meets Mobility. In:
               Proceedings of the 21st International Conference on Software Engineering, Los
               Angeles, California, p. 368-377, 1999

[MuPR03]   Murphy, A. L., Picco, G. P., Roman, G.-C.: LIME: A Coordination Middleware
               Supporting Mobility of Hosts and Agents. Technical Report WUCSE-03-21,
               Washington University, Department of Computer Science and Engineering, St. Louis,
               Missouri, April 2003-11-24

[BHO+99]   K.P. Birman, M. Hayden, O. Ozkasap, Z. Xiao, M. Budiu, and Y. Minsky, "Bimodal
               Multicast," ACM Trans. Computer Systems, vol. 17, no. 2, pp. 41-88, May 1999.

[CHRB01]   R. Chandra, V. Ramasubramanian, and K. Birman, "Anonymous gossip: Improving
               multicast reliability in mobile ad-hoc networks", in Proc. 21st International
               Conference on Distributed Computing Systems (ICDCS), 2001, pp. 275-283.

[GKW+02]   D. Ganesan, B. Krishnamurthy, A. Woo, D. Culler, D. Estrin, and S. Wicker. An
               empirical study of epidemic algorithms in large scale multihop wireless networks.
               http://www.cs.virginia.edu/~qc9b/cs851/ , 2002.

[KUCH01]   Thomas Kunz and Ed Cheng, "Multicasting in ad-hoc networks: Comparing MAODV
               and ODMRP", Proceedings of the Workshop on Ad hoc Communications, Bonn,
               Germany, September 2001.

[LIHHun]   L. Li, J. Halpern, Z. J. Haas, "Gossip-based Ad Hoc Routing",
               http://www.cs.cornell.edu/courses/cs735/2001fa/papers/LiLi-GspInfo02.ps, 2001.

[LIMM00]   M.-J. Lin, K. Marzullo, and S. Masini. "Gossip versus deterministic flooding: Low
               message overhead and high-reliability for broadcasting on small networks." In

Proceedings of 14th International Symposium on DIStributed Computing (DISC 2000, pages 253--267, Toledo, Spain, October 4-6 2000.

[NTSS99] Sze-Yao Ni, Yu-Chee Tseng, Yuh-Shyan Chen, and Jang-Ping Sheu. The broadcast storm problem in a mobile ad hoc network. In Proceedings of the Fifth Annual ACM/IEEE International Conference on Mobile Computing and Networking, pages 151–162, Aug 1999.

[RBDV02] R. van Renesse, K. P. Birman, D. Dumitriu, and W. Vogel. Scalable management and data mining using Astrolabe. In Proc. First International Workshop on Peer-to-Peer Systems (IPTPS '01), Cambridge, MA, Mar. 2002.

[SACS03] Yoav Sasson and David Cavin and André Schiper. Probabilistic Broadcast for Flooding in Wireless Mobile Ad hoc Networks. In Proceedings of IEEE Wireless Communications and Networking Conference (WCNC 2003), 2003.

[VORB01] Werner Vogels, Robbert van Renesse, and Ken Birman, "Using Epidemic Techniques for Building Ultra-Scalable Reliable Communications Systems". Workshop on New Visions for Large-Scale Networks: Research and Applications, Vienna, VA, March 2001.

[AYRM03] Ayman El-Sayed, Vincent Roca and Laurent Mathy, "A survey of proposals for an alternative group communication service". IEEE Network, January/February 2003.

[1] G.-C. Roman, Q. Huang, and A. Hazemi, "On maintaining Group Membership Data in Ad Hoc Networks,"
Washington University, St Louis, Technical Report WUCS-00-26, April 16, 2000.

[2] R. Prakash and R. Baldoni, "Architecture for Group Communication in Mobile Systems," presented at Symposium on
Reliable Distributed Systems, West-Lafayette (IN), USA, 1998.

[3] Rene Meier, Marc-Oliver Killijian, Raymond Cunningham, and Vinny Cahill: "Towards Proximity Group Communication".- Dublin

[4] M.-O. Killijian, R. Cunningham, R. Meier, L. Mazare and V. Cahill, "Towards group communication for mobile
participants", Proceedings of the 1st ACM Workshop on Principles of Mobile Computing (POMC), August 29-30, 2001,
Newport, Rhode Island, USA.

[5] L. Keidar and D. Dolev, Dependable Network Computing, D. Avresky Editor, chapter 3: "Totally Ordered Broadcast
in the Face of Network Partitions. Exploiting Group Communication for Replication in Partitionable Networks", Academic
Publications.

[6] Ayman El-Sayed and Vincent Roca, INRIA Rhone-Alpes Laurent Mathy: "A Survey of Proposals for an Alternative Group Communication Service" .- Lancaster University
(Multicasts)

28

[7] Linda Briesemeister: "Group Membership and Communication in Highly Mobile Ad Hoc Networks". – Berlin, 2001

[8] O. Babaoglu, R. Davoli and A. Montresor, "Group Communication in Partitionable Systems: Specification and
algorithms", IEEE Transactions on Software Engineering, 27(4): 308-336, Apr. 2001.

[9] Imrich Chlamtac, Jason Redi: "Mobile Computing: Challenges and Potential" .- Texas, Boston, 1998

[10] David Powell: "Group Communication" .- Toulouse

[11] Rene Meier: "Communication Paradigms for Mobile Computing" .- Dublin

[12] A. Fekete and N. L. Shvartsman. "Specifying and using a partitionable group communication service", ACM
Transactions on Computer Systems, 19(2): 171-216, May 2001.

[13] Flaviu Cristian: "Synchronous Group Communication" .- San Diego

[14] Gruia-Catalin Roman, Qingfeng Huang, Ali Hazemi: "Consistent Group Membership in Ad Hoc Networks".- Washington

[15] G. V. Chockler, L. Keidar and R. Vitenberg, "Group Communication Specifications: A Comprehensive Study", To
appear in ACM Computing Surveys.

[55] D. Jungnickel, Graphen, Netzwerke und Algorithmen, BI 1994.

[66] Peterson, Larry L.: "Computernetze; ein modernes Lehrbuch / Larry L. Peterson; Bruce S. Davie .- 1.Aufl." – Heidlberg : dpunkt-Verl., 2000

[77] Steinmetz, Ralf: Multimedia-Technologie: "Grundlagen, Komponenten und Systeme/Ralf Steinmetz".
–
3., überarb.Aufl. – Berlin, Heidelberg; New York; Barcelona; Hongkong; London; Mailand; Paris; Singapur; Tokio: Springer, 2000
ISBN 3-540-67332-6